ILLUMINA
TIONS DE
FARIDA

Joseph
Santa-Croce

A NIMES
Au Trismégiste
MCMLXXXVIII

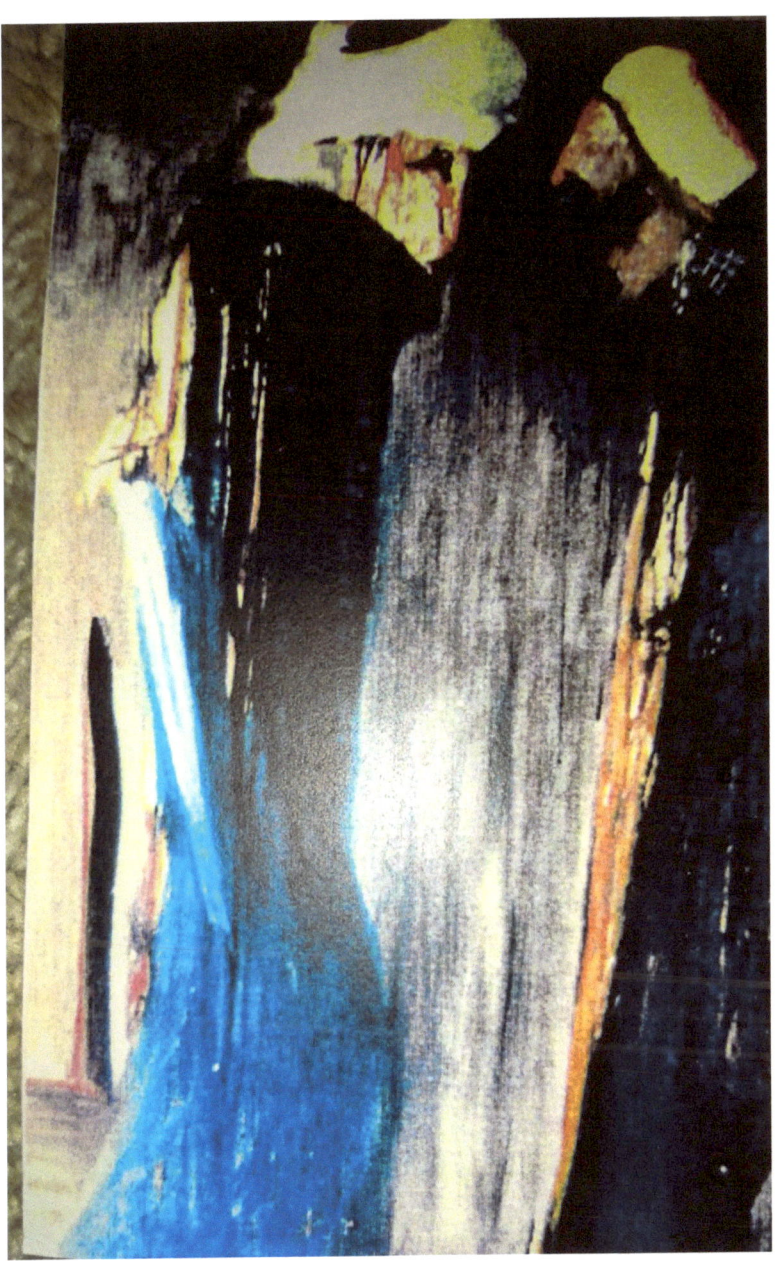

Lettre écrite du Caire par la Reine Farida En attente de la présentation de son œuvre peint :

Avez-vous écrit le livre, plutôt le projet, car je n'ai rien reçu ?
J'attends avec impatience de vous lire.
J'espère que vous n'avez pas été paresseux.
Je tiens à ce que vous m'envoyiez en Egypte le projet

FARIDA

Tel 766-12-51 très tôt le matin ou le soir vers 8h

Joseph Santa-Croce
97 rue Jouffroy
17ᵉ

BY AIR MAIL

Avez vous écrit/le livre plutôt le projet car je n'ai rien reçu. J'attends avec impatience de vous lire j'espère que vous n'avez pas été paresseux je tiens à ce que vous m'envoyez en Egypte le projet. Pensez bien affectueux

ILLUMINATIONS DE FARIDA

Peut-être que les gouffres
d'azur,
Des puits de feu. C'est
peut-être
Sur ces plans que se
rencontrent lunes
Et comètes, mers et fables.

Le soleil proche des mortels, une Egypte plusieurs fois millénaire présentée et révélée dans le miroir magique d'une Reine, la vérité d'une terre et de son peuple communiquée par un art où tradition et invention se réunissant pour atteindre l'universel, telles semblent les caractéristiques de l'œuvre peint de Farida.

Si la Reine Farida, première épouse du Roi Farouk, a commencé à peindre en 1956, c'est à partir de 1967 qu'elle va trouver sa « manière ».

Dès 1968, lors d'une exposition à la galerie Hervé, avenue Matignon, elle suscite ce pertinent commentaire de Patrick Waldberg :

Farida écarte la perception simple pour montrer ce qui se voit en elle.

En d'autres termes sa recherche a abouti à la maîtrise de son métier, au passage de la vue à la vision, à la réussite alchimique de la transmutation du réel. Peinte savant, Farida s'initie aux techniques de la lithographie – dans l'atelier de Mourlot – et de la gravure, dans l'atelier Rigal à Fontenay aux Roses.

Désignés comme *les enfants de sa mémoire* en 1976, au Centre Culturel Egyptien de Paris, Farida expose des chefs-d'œuvre remarquables et aussitôt remarqués.

Il est déjà téméraire de vouloir dire ce qui constitue un chef-d'œuvre quand il est sous nos yeux ; il l'est encore plus d'en entreprendre l'évocation avec de simples mots. Mais enfin, c'est un beau risque à prendre : *Les parfums, les couleurs et les sons se répondent* et le patronage de Baudelaire nous encourage à proposer cette transcription.

La campagne égyptienne, considérée avec amour et une intelligence supérieure des formes et des êtres, va donner lieu, entre autres, à trois illustrations : *Le beau du village* (qui orne la couverture du catalogue pour l'exposition de 1976), *Le notable* et enfin *Dialogues*. La découverte d'une stylisation des visages, des costumes, des attitudes, nous séduit immédiatement.

L'œil du *beau du village* rappelle l'œil éclatant peint sur le sarcophage des momies, sur les statues des Pharaons. Turban et tunique bleus donnent une impression moelleuse. La jeunesse et l'élégance de l'attitude font oublier la maigreur extrême du personnage. Un tout petit soleil rouge, dans une composition qui refuse la perspective – comme dans le *Joueur de fifre* de Manet – confère à l'ensemble quelque chose d'ironique et de dévastateur.

Tout différemment, *le notable* figure à la fois l'âge, la sérénité, l'assurance, la respectabilité sociale et morale d'un Musulman qui a rempli tous les devoirs prescrits pour ce bas-monde et pour l'autre.

Dialogue nous fait surprendre, en quelque sorte indiscrètement, une conversation entre deux villageois : il nous semble percevoir dans leur silence apparent, non seulement le sens de leurs propos, mais aussi l'inflexion de leurs voix.

Cette même campagne va suivre dans sa splendeur le cours du Nil gris : il s'impose autour des *Felouques* aux voiles pesantes, tandis que des reflets de soleil paraissent dans l'eau. *Deuil au village* met en scène la foule innombrables des fellahs, le lugubre et déchirant cortège des pleureuses.

En remontant le Nil, la *palmeraie d'Abydos* expose au contraire un prodigieux foisonnement de vie.

La contemplation des chefs-d'œuvre de Farida – comme d'ailleurs de tous les chefs-d'œuvre que réunit le Musée Imaginaire de notre quête du Beau – nous impose un sentiment parfaitement étrange et parfaitement impérieux : *tout se passe en nous comme si ces peintures avaient toujours existé.* En d'autres termes, ces peintures paraissent au monde du visible comme si elles n'avaient pas été faites de main d'homme, et dans l'ordre du surnaturel elles rejoignent la théorie du *Coran* incréé telle qu'elle fut formulée par des mystiques musulmans.

Deux techniques de Farida, devenues inséparables de son œuvre picturale, corroborent cette impression : en premier lieu l'usage du fond doré – et c'est la reprise d'une tradition ancienne ; en second lieu la maîtrise de la lumière qui constitue une innovation absolue : nous conviendrons de la désigner par le terme d'*illumination*.

*Elle est retrouvée
Quoi ? L'éternité.*
Rimbaud

Par une sûre divination Farida a en effet privilégié le fond doré : c'est sur carton doré que la plupart de ses peintures ont été révélées au public ; dans une lettre que la Reine Farida nous adresse du Caire en janvier 1988, elle regrette de ne pas disposer de ce « papier doré » qui lui donne la joie de peindre et qu'elle préfère à la toile.

Dans son *Déclin de l'Occident*, Spengler a sans doute dit l'essentiel, et si bien que nous lui laissons la parole, ne craignant pas de le citer abondamment et ne voulant rien retrancher à ses justes propos :

L'art arabe a exprimé le sentiment magique de l'univers par le « fond doré » de ses mosaïques et de ses tableaux. Nous sommes renseignés sur les effets romanesques, déconcertants, de cet art et, par conséquent, sur son intention symbolique, par les mosaïques de Ravenne et par les vieux maîtres rhénans et surtout nord-italiens, dépendant encore entièrement de modèles lombardo-byzantins, non moins encore par les miniatures gothiques accomplies sur les modèles des « codices » pourprés de Byzance. L'âme des trois cultures peut être examinée ici au contact d'un problème mitoyen. L'apollinienne n'admettait de réel que ce qui est immédiatement présent en un lieu et en un temps — et elle désavouait l'arrière-plan de ses œuvres plastiques ; la faustienne aspirait à l'infini par-delà toutes les limites sensibles —

et elle transférait dans le lointain, au moyen de la perspective, le centre de gravité de sa pensée plastique : la magique sentait dans chaque événement l'expression des puissances énigmatiques, dont la substance spirituelle transperce la crypte cosmique — et elle entourait la scène d'un fond doré, c'est-à-dire d'une substance au-delà de toute coloration naturelle.

Le doré n'est pas une couleur du tout. En face du jaune l'impression sensible compliquée qu'il produit est due à la réflexion métallique diffuse d'une substance à surface transparente.

Les couleurs — soit la substance colorée de la surface polie (fresque), ou le pigment répandu au moyen du pinceau — sont naturelles ; le brillant métallique, qui existe aussi, bien qu'on ne le rencontre jamais dans la nature, est surnaturel. Il rappelle les autres symboles de cette culture : l'alchimie et la cabale, la pierre philosophale, le Livre sacré, l'arabesque et la forme intérieure des contes dans les Mille et Une Nuits.

Le doré resplendissant dépouille la scène, la vie, les corps de leur existence palpable. Tout ce qui s'enseignait dans les milieux plotiniens et gnostiques sur l'essence des choses, leur indépendance de l'espace et leurs causes fortuites – thèses paradoxales et presque inintelligibles pour « notre » sentiment cosmique – est dans la symbolique de cet arrière-plan mystérieusement hiératique.

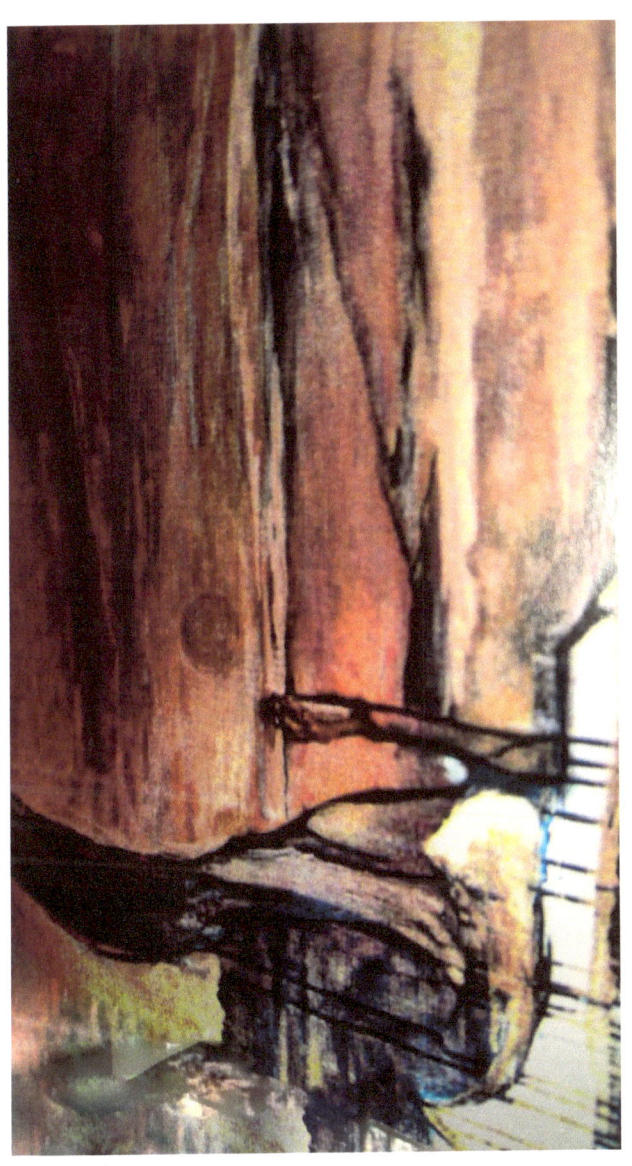

L'essence des corps fut l'objet d'une importante controverse entre néo-pythagoriciens et néo-platoniciens, comme plus tard entre les écoles de Bagdad et de Bassora.

Sohrawardi distinguait entre l'étendue, essence première du corps, et ses largeur, hauteur et profondeur, considérées comme des accidents, Nazzâm refusait aux atomes la substance corporelle et leur caractère de choses remplissant l'espace. Autant de doctrines métaphysiques qui, de Philon et Paul aux derniers grands hommes de la philosophie islamique, révèlent le sentiment cosmique arabe. Elles jouent le rôle décisif dans la controverse des Conciles sur la substance du Christ.

Le fond doré de ces tableaux dans le ressort de l'Eglise d'Occident a donc une signification nettement dogmatique. Il exprime l'essence et l'autorité de l'esprit divin. Il représente la forme « arabe » de la conscience cosmique chrétienne, et cela n'est pas sans connexion profonde avec le fait que ce traitement du fond doré, pour représenter la légende chrétienne, a été considéré pendant mille ans comme le seul possible métaphysiquement et même le seul moralement digne.

*Les couleurs propres de la
vie
Se foncent, dansent et se
Dégagent autour de la
Vision
Sur le chantier*
Rimbaud

En 1920 apparaît pour la première fois le *cinétisme*, école picturale qui ambitionne de remplacer le mouvement suggéré par le mouvement réel. Une de ses applications consiste à produire une œuvre de mouvement virtuel *qui exerce une contrainte de mouvement optique sur le spectateur.*

(cf. *Encyclopaedia Universalis* – article « cinétisme »)

Par une innovation unique, la plus importante depuis l'impressionnisme, Farida va trouver une utilisation de la lumière qui ne connaît aucun précédent.

Elle s'en explique elle-même dans le catalogue d'une exposition à l'Hôtel Méridien du Caire :

Ma recherche durant ces dix dernières années m'a conduite au Cinétisme (…) Le problème majeur des impressionnistes fut de fixer sur la toile une heure du jour ou de la nuit.

Je me suis attelée à la tâche ardue de grouper toutes les heures dans ma toile, du lever au coucher du soleil et vice-versa. Je réduis l'emploi des sources lumineuses à deux lampes : la verticale représentant le soleil du midi (angle de 90°), la latérale (angle 180°) pour le lever ou le coucher du soleil. Dans une chambre complètement occultée, c'est-à-dire où ne pénètre aucune lumière extérieure, la variation lumineuse est obtenue grâce à un variateur électronique ou « dynamer ».

Une syntonisation (…) produit une totale harmonie qui nous tient toujours dans la lumière, source éternelle (…)

En 1978, à Paris, dans une exposition à l'Hôtel, 13 rue des Beaux-Arts, j'ai introduit un éclairage artificiel, en tant que partie intégrante de ma technique, utilisant un appareil spécialement fait pour atténuer la lumière. Je fus en mesure de créer, à l'intérieur même de la galerie, l'illusion de paysages en perpétuel changement sous le soleil.
(Cette technique spéciale a fait l'objet d'un dépôt de brevet).

Comment ne pas s'émerveiller de la rencontre esthétique et spirituelle de Spengler et d'Henry Corbin, Spengler mettant l'accent sur *l'étendue, essence première du corps* dans la pensée de Sohrawardi et Henry Corbin commentant *l'archange empourpré* de ce philosophe iranien ? La description de *l'archange empourpré* correspond bien à la technique picturale métaphysique de Farida :

… Gabriel l'archange a deux ailes : celle de droite qui est lumière pure et absolue ; celle de gauche sur laquelle s'étend une empreinte ténébreuse pareille au brunissement rougeâtre qui obscurcit la surface de l'astre au lever de la pleine lune.

Le monde de l'Illusion, de la genesis, est une ombre projetée de l'aile gauche de Gabriel, tandis que de son aile droite émanent les âmes de lumière.

Avec la révélation du « moi céleste » s'ouvre l'horizon de la surexistence humaine. Lorsque de nouveau se lève le « jour » des perceptions et évidences sensibles, la vision cesse.

Dans le même essai sur *Sohrawardi et les platoniciens de Perse*, Henry Corbin rappelle que :

L'âme image ou icône de l'Ange, et l'ange icône de l'âme, c'est un motif bien connu de la gnose valentinienne. Chez Sohrawardi, la Nature Parfaite est simultanément le « père » et « l'enfant » dans le monde spirituel.
(*En Islam iranien,* tome II, Paris 1971)

Cela signale, par analogie, la relation privilégiée de Farida avec sa peinture : ses tableaux, comme elle l'a dit, sont bien les *enfants de sa mémoire.* Son immortalité dans l'histoire des grands peintres est bien l'enfant de ses tableaux.

Le Dr Mardrus, traducteur inégalé des *Mille et Une Nuits*, dans sa transcription des hauts textes initiatiques de l'Egypte prête à l'Adepte, qui franchit la douzième porte vers l'au-delà, les propos suivants :

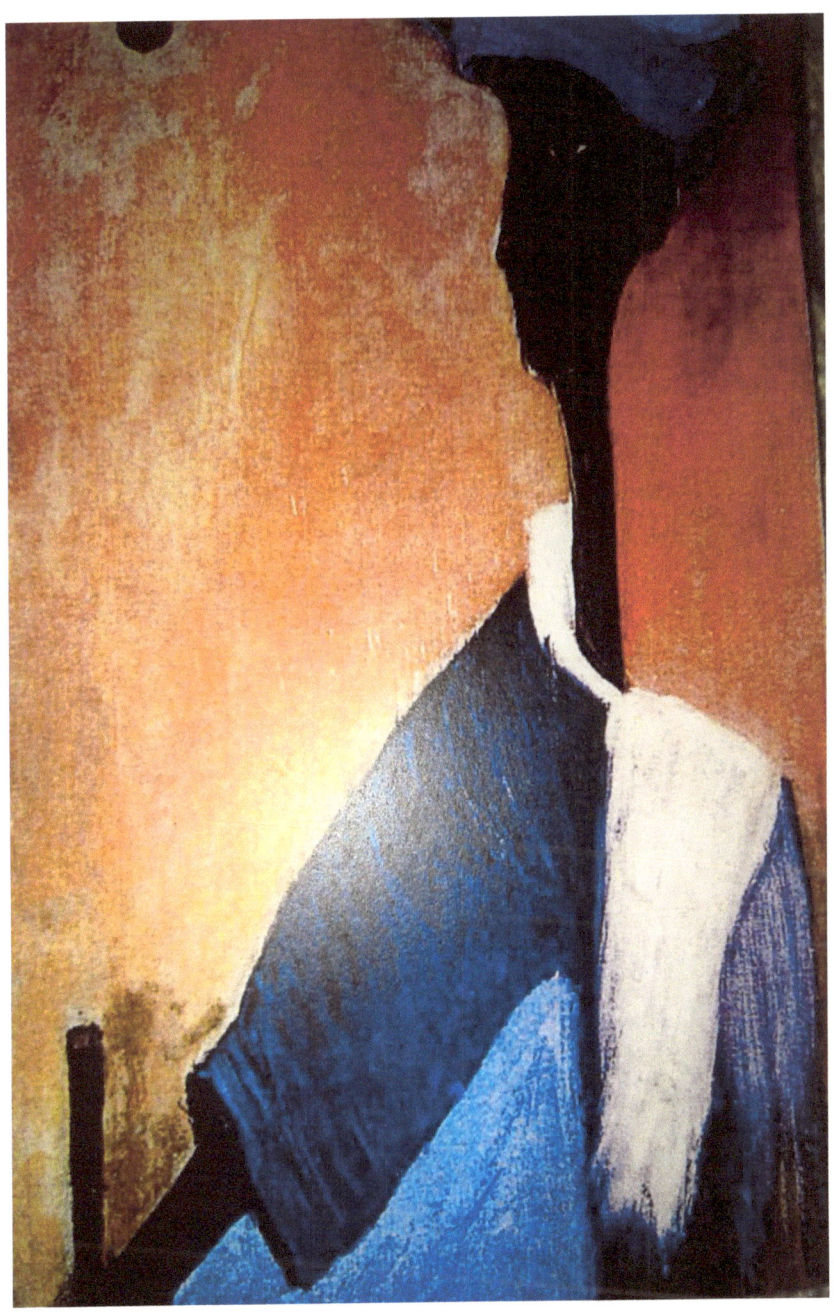

*… Je suis une parcelle des
parcelles de la grande Ame*

*Incandescente, une parcelle
des parcelles de la Divinité.*

*Je suis l'éternel Amant de
la Divine Amie.*

*Avant toute création, Elle
existait.*

*Avant toute forme, Elle
existait.*

Ces formules
conviennent bien à la
peinture de Farida.

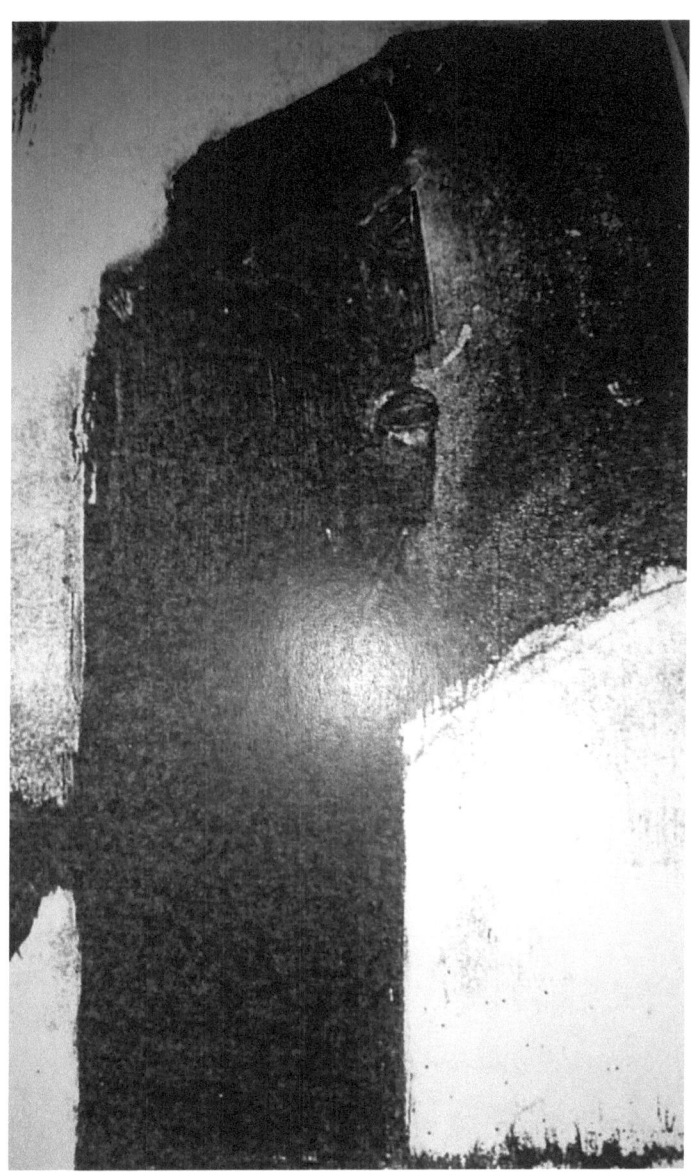

Il faut bien l'admettre, en voyant fonctionner l'Athanor de l'alchimiste, Farida est un des plus grands peintres du siècle. Sa peinture – et le traitement lumineux de sa peinture – commande à l'ordre cosmique en lui obéissant, à travers les paysages, les visages et les corps. Sur une même toile, le crépuscule du matin s'achemine progressivement vers le crépuscule du soir en passant par le jour éclatant de midi : les traits de la jeune femme deviennent ceux de la vieillarde, mais tout est réversible, tout peut être recommencé dans la splendeur d'un éternel retour égyptien. Après avoir partagé le génie de la royauté qui est attention et dévouement aux humbles, Farida a atteint la royauté du génie.

Annexe :

« Exégèse pour la Huitième porte »

… Il (l'Adepte) n'a pas traversé la Huitième Porte seulement en thaumaturge. Il est aussi un Chef Rayonnant, un Seigneur de Lumière, « armé contre les complots des ténèbres » par la « Parcelle Lumineuse » déjà perçue dans ses prunelles.

Nous savons l'importance qu'attachait l'Egypte à cette paillette scintillante dans l'œil, et comment les artistes sculpteurs s'ingéniaient à faire reluire dans les yeux des statues cette goutte de lumière. C'est elle qui figure la vie divine du génie, qui, chez les Princes du Sang, réside à l'état latent et ne se réveille et se manifeste qu'après les cérémonies sacrées de l'intronisation, lorsque la statue du Dieu, par l'imposition des mains et des lèvres, a communiqué au Prince pharaonique le « Fluide » divin, le « Sa ». Dès lors, le Dynaste est doué de l'« Œil Fascinateur. »

C'est précisément cet œil fascinateur de certaines statues qui terrorise aujourd'hui les fellahs égyptiens. Lorsque ceux-ci font la trouvaille d'une statue dont les yeux sont reluisants, parce que demeure en eux la paillette lumineuse que le sculpteur antique y avait enclose, ils se hâtent d'endommager ces yeux qu'ils considèrent comme doués du « mauvais œil », de la puissance d'envoûtement, de la « jettature » oculaire.
(Dr J.C. Mardrus : *Toute Puissance de l'Adepte. Exégèse pour la Huitième Porte* – pp. 223-225. Bibiliothèque de L'Eudiaque, Paris, 1932)

Bibliographie sommaire

1976
Jean-Marc Campagne : présentation du catalogue de l'exposition au Centre Culturel Egyptien.

1976
Perceval : *De quelques artistes égyptiens,* in *Revue Universelle.*

1978
Farida d'Egypte : Citations de Marie Pérouse,

Jacques Mequillet-Claudel et Père Zananiri.

1985

Monique Priscille-Druey, Claude Rathle et Patrick Waldberg (catalogue de l'exposition au *Méridien* du Caire)

www.ingramcontent.com/pod-product-compliance
Lightning Source LLC
Chambersburg PA
CBHW040246220526
45473CB00001B/388